AF590591

MARTIAL ET ANGÉLIQUE,

OU

LE TÉMOIN IRRÉCUSABLE,

SCÈNES PANTOMIMES, ÉQUESTRES ET ANECDOTIQUES,

EN TROIS PARTIES,

PAR J. G. A. CUVELIER,

Musique arrangée par M. d'HAUSSY, chef d'orchestre du Cirque Olympique.

Représentées au Cirque Olympique le 10 *novembre* 1810.

A PARIS,

Chez BARBA, Libraire, Palais-Royal, derrière le Théâtre Français, n°. 51.

1810.

PERSONNAGES.	ACTEURS.
St.-AMAR, colonel de dragons.	M. *Franconi aîné.*
MALTIAL, jeune paysan, amant d'Angélique.	M. *Franconi cadet.*
ANGÉLIQUE, jeune paysanne.	Mme *Franconi cad.*
GERTRUDE, mère d'Angélique.	Mlle *Tigée.*
MERRAULT, pauvre laboureur, père de Martial.	M. *Gougibus.*
HUGOT, vieillard octogénaire, père de Merrault.	M. *Devemont.*
Le GÉNÉRAL commandant en chef et Maréchal des camps.	M. *St.-Martin.*
Deux Inconnus de la classe du peuple.	M. *Lespérance.* M. *Lagoutte.*
UN BAILLI.	M. *Achn.*
Un Enfant figurant un amour.	*La pet. Gougibus.*
ROCH, vieux maréchal-des-logis de dragons.	M. *Bassin.*
SANS-SOUCI, brigadier de dragons.	M. *Masse.*
Un Capitaine-rapporteur.	M. *Ferrin.*
Laquais du Colonel.	
Officiers d'état-major.	
Paysans et Valets de ferme.	
Petits Pâtres.	
Domestiques et Gardes-chasse de St.-Amar.	
Paysannes.	
Femmes attachées du Colonel et déguisées en nymphes.	

La scène se passe en France vers le milieu du règne de Louis XV.

MARTIAL ET ANGELIQUE,

OU

LE TÉMOIN IRRÉCUSABLE.

PREMIÈRE PARTIE.

Le théâtre représente un village ; dans le fond, la campagne ; en avant deux cabannes séparées du village par une haie vive, celle de gauche offre un petit jardin. (C'est le point du jour.)

Angélique arrose les fleurs de son jardin, Martial arrive, courte conversation entre eux ; il entend du bruit ; il se cache.

La vieille Gertrude, grand-mère d'Angélique, paraît, gronde sa petite fille, parle sagesse et vieux tems.

Angélique gémit à part et écoute avec distraction les leçons de la vieille bonne femme.

Angélique entend du bruit, elle se lève croyant voir arriver son amant. Surprise, en apercevant St.-Amar.

St.-Amar, colonel de dragons, seigneur du village, a remarqué Angélique, l'a trouvée jolie, et veut lui conter fleurette dans l'espoir de la séduire.

Angélique devine la séduction, tremble, balbutie ; mais repousse toute idée d'infidélité à son ami.

Dépit concentré de St.-Amar, il dissimule ; mais à part il médite la vengeance.

Il reprend son air léger, prétend avoir plaisanté, et veut ravir un baiser à la jeune paysanne. Martial a été témoin de cette scène, il s'avance le chapeau bas et déclare au seigneur qu'Angélique est sa maîtresse : St.-Amar feint d'être courroucé à cet aveu : il ordonne au jeune paysan de se retirer. Contestations : Gertrude paraît, elle gronde sa fille, chasse le pauvre amoureux, et s'imaginant que le seigneur aime Angélique en tout bien tout honneur, elle reçoit de lui une bague. St.-Amar se retire.

Angélique est rêveuse, sa mère la gronde, et en gromelant à part soi de vieux rebus sur la sagesse des filles, elle prend une corne à bouquin et en tire des sons rauques pour indiquer aux pâtres que l'instant est venu de conduire les troupeaux dans la prairie.

On voit défiler dans le fond, les bergers, les moutons, les bœufs, avec leurs petits conducteurs champêtres.

Le jeune Martial sort de sa maison avec Merrault son père pour aller à la charrue.

Merrault salue Gertrude, pendant ce tems Martial presse la main d'Angélique ; ils sortent et vont à leur ouvrage.

St.-Amar monte à cheval, et, suivi de ses gens et de ses chiens, il part pour la chasse, en regardant Angélique qui baisse les yeux. Tableau champêtre.

Dans le fond, les moutons paissent sous la conduite des petits pâtres ; plus en avant, Merrault labourre aidé par son fils. A gauche à la porte de la cabanne, la vieille Gertrude file au fuseau tournant.

Angélique vanne le grain, en échangeant de tems à autre quelques signes d'amour et d'intelligence avec le jeune Martial.

On entend un bruit de sonnettes : tous écoutent... On voit arriver dans une cariole le vieux Hugot grand père de Martial.

A cette vue, Merrault et son fils quittent leur besogne champêtre, ils aident le vieillard à descendre.

Le vieux Hugot vient en scène ; sa vue semble rajeunir la vieille Gertrude, il l'embrasse ainsi qu'Angélique qu'il a vu toute petite et qu'il trouve charmante.

Il n'est plus question de travailler ; mais de se divertir : on apporte une table au bel air, on met le couvert, on sert du laitage et quelques mets champêtres.

Les bonnes gens sont à table. La franche gaîté du vieillard déride Gertrude, Merrault est enchanté de voir son vieux père si bien portant ; Hugot boit sec et souvent : Martial, près de sa belle, lui presse de tems en tems le genou, Angélique lui répond en rougissant : les paysans et paysannes forment des danses gaies, comme si c'était un jour de fête : la joie de tous les convives est complette.

On entend le bruit des cors : un sanglier traverse la terre affermée par Merrault, et qu'il vient d'ensemencer à la sueur de son front, il prend un fusil pour défendre sa propriété que cet animal ravage ; il espère ne pas être vu, il l'ajuste, tire, le sanglier tombe mort.

Aidé par son fils et par les paysans, Merrault veut s'emparer de sa proie et la cacher dans sa cabanne ; il a été aperçu par le bailli.

Des gardes-chasse accourent aux cris du bailli : le délit est évident ; malgré la résistance du laboureur, les prières du vieux Hugot, la fureur de Martial, les larmes et les supplications d'Angélique et de Gertrude, Merrault est arrêté.

Le Seigneur paraît, toute la famille tombe à ses pieds.

St.-Amar déclare que c'est au bailli qu'il appartient de prononcer : celui-ci prend un ton d'importance et dicte cette sentence qu'on prnsente à la frmille désolée.

SIX CENTS LIVRES D'AMANDE
OU
LES GALÈRES.

Consternation générale... Merrault est trop pauvre pour payer cette somme... Faudra-t-il subir l'infamie ?

Aux ordres de St.-Amar on emmène le coupable, tous le suivent.

Angélique seule avec le Seigneur veut faire un dernier effort, elle tombe à ses genoux.

St.-Amar sourit en la voyant dans cette posture, il la relève avec une bonté feinte.

Il lui déclare qu'elle n'a qu'un seul moyen pour obtenir la grâce de son protégé, c'est de lui accorder amour pour amour.

Il veut l'entraîner, Martial revient, voit cette violence, il accourt et se jette entre le seigneur et sa maîtresse, en le priant, *sauf respect*, de la laisser en repos.

St.-Amar qui a son projet, et ne veut pae faire *d'esclandre*, sourit de pitié et rentrs au château.

Gertrude force Angélique de la snivre dans sa maison.

Martial seul prend la résolution de s'enrôler pour sauver son père.

Roch, maréchal des logis et Sans-Souci, brigadier du régiment de dragon commandé par St.-Amar, paraissent. Le jeune homme s'approche d'eux; le marché se fait, il est enrôlé, signe l'engagement, reçoit la cocarde et les 600 livres avec lesquels il va sauver son bon père. Celui-ci sort du château, chargé de chaînes pour être conduit en prison.

Martial court à lui, remet les 600 livres au Bailli, et brise les fers de son père.

Tous sont accourus; témoins de ce beau dévouement, chacun admire le jeune homme.

Angéliqne est désolée; chacun marque le sentiment qui l'agite; les dragons prennent leurs sacs et en donnent un à Martial.

St.-Amar ordonne le départ pour la garnison. Tableau d'adieux, séparation douloureuse.

Angélique, seule déplore la perte de son amant.

St.-Amar entre avec mystère, la désigne à ses gens, et tout le monde se trouvant éloigné, il ordonne de l'enlever, et se cache.

Enlèvement d'Angélique : les valets du Seigneur lui ferment la bouche avec un mouchoir pour l'empêcher de crier, et la placent dans une chaise de poste.

La voiture part au galop des chevaux, les villageois accourent pour s'opposer à l'enlèvement, ils sont arrêtés par les gardes-châsse qui se plaçent derrière la haie et font un *en joue* : Gertrude est évanouie ; le vieux Hugot désolé, Merrault frémit de rage, le Seigneur, sur l'arrière, plan triomphe.

Fin de la première partie.

IIe. PARTIE.

Le théâtre représente une chambre à coucher élégante; dans le fond, sur la droite, un lit ou estrade très-riche ; à gauche, à l'avant-scène, une grande glace en pied, en face une toilette, des fauteuils et des chaises.

ANGÉLIQUE seule est endormie sur le lit. Elle se réveille, parcourt la chambre, croit rêver, se trouve vis-à-vis la glace, et recule effrayée, et sans se reconnaître en se voyant vêtue d'une robe brillante qu'on lui a passée pendant son évanouissement.

Revenue de ce premier effroi, elle se mire de nouveau dans la glace, regarde si personne ne la voit, sourit avec complaisance, et se trouve bien plus jolie que sous ses habits campagnards.

Bientôt elle pense à son village, à son amant, à sa bonne Gertrude... Faut-il être séparée d'eux pour jamais?... Où est-elle ? Que va-t-elle devenir ?... elle frémit, elle pleure.

Elle aperçoit la toilette, elle l'examine d'un air indifférent; en voyant les perles,

les diamans, les bijoux, sa figure s'épanouit de nouveau.

Elle prend dans ses mains une rivière de pierreries... Elle entend du bruit, la pose promptement, recule et reste bien étonnée en ne voyant personne ; mais en lisant ces mots tracés en or au fond du salon :

TOUT CE QUI EST ICI
APPARTIENT
A LA BELLE ANGÉLIQUE.

L'inscription a disparue, elle n'entend plus rien, elle se rassure par dégrés, et jure de ne jamais être infidèle à son amant.

Elle revient près de la toilette, elle prend les bijoux, les regarde, reprend les diamans, les dépose une seconde fois, et soupire en disant : je ne puis les prendre puisqu'ils ne sont pas à moi !...

Un petit enfant, habillé en amour, sort de la toilette, et présente cette légende au bout d'une flèche d'or :

L'AMOUR TE LES DONNE.

Aussitôt paraissent des femmes attachées à la maison du Seigneur, et vêtues en nymphes ; d'après les ordres du faux amour, elles complètent la toilette de la belle paysanne. Elles forment divers grouppes en s'enlaçant dans des guirlandes de roses ; Angélique admire leurs mouvemens gracieux ; elle est tentée de se croire dupe d'un songe.

Les nymphes sortent ainsi que l'enfant qui figure l'amour ; Angélique est étonnée en ne les voyant plus, cependant la coquetterie la ramène à la grande glace, elle admire sa bonne grace et se donne des airs.

Elle se retourne brusquement en apercevant dans la glace St.-Amar, conduit par l'amour : il tombe aux genoux d'Angélique; l'amour bien instruit de son rôle, sort avec un air malin, pour laisser les amans en tête-à-tête.

Reproches d'Angélique, excuses du Seigneur; elle ne veut rien entendre; elle prétend retourner à son village; elle arrache son diadême, elle le jette avec dédain; elle sent confusément que toutes ces richesses sont offertes par la séduction, et que pour les posséder il faut renoncer à l'honneur et à son amant.

St.-Amar la conjure à genoux de daigner l'écouter.

On entend un grand bruit; Martial se précipite dans l'appartement, en repoussant les valets qui veulent l'arrêter; il est en habit de soldat.

Voyant sa maîtresse richement vêtue et le Seigneur à ses genoux, il la croit infidèle : reproches, désespoir; Angélique cherche à appaiser son ami, il ne veut rien entendre, il sort furieux en la repoussant dans les bras du seigneur.

Celui-ci voyant que cette jalousie sert ses projets, rit à part de cette scène. Angélique est plongée dans la douleur : tout d'un coup elle prend son parti, elle déclare à St.-Amar qu'elle ne veut pas être à lui. Envain il la prie, il la conjure, elle le repousse avec horreur, et saisissant un instant favorable, elle échappe à sa poursuite, elle s'enfuit et s'élance sur les traces de son amant.

St.-Amar, d'abord stupéfait, sonne avec force, ses gens accourent de toutes parts, il leur ordonne de suivre les pas d'Angélique et de l'arrêter ; il prend les diamans, y suspend le portrait d'Angélique qu'il a fait peindre pendant son sommeil, l'attache à son col, et sort en marquant sa jalousie et son amour.

Le théâtre change et représente une portion de parc ; dans le fond un mur et une grille à travers laquelle on aperçoit la campagne. Contre le mur, à gauche, est une petite tour; à l'avant-scène, à droite, un pavillon ; à gauche en face, un bassin à moitié desséché et quelques marches en pierre pour monter sur le mur qui l'entoure.

Angélique seule, les cheveux épars, les yeux égarés, fuit à travers le parc ; elle regrette son amant qu'elle croit avoir perdu pour toujours.

Martial paraît derrière la grille.

Dans son désespoir, Angélique voyant qu'elle a tout perdu et qu'elle ne peut échapper à son persécuteur, aperçoit le bassin, arrache sa robe, la jette dans l'eau et forme le dessein de s'y précipiter elle-même pour finir ses tourmens ; mais Martial l'a deviné: franchir la grille, s'élancer dans le parc, arrêter son amante montée sur le petit mur et la sauver, c'est pour lui l'affaire d'une minute.

Angélique, à demi-évanouie, est dans les bras de son amant ; elle reprend ses sens et le reconnaît. Reproches, explication, raccommodement. En ce moment St.-Amar paraît avec ses valets; il fait arrêter Angélique, on la renferme dans le pavillon, on arrache Martial de ses bras, on le conduit dans la tour, le Seigneur ne voulant que l'effrayer, et évitant de le punir militairement pour une faute qui est plutôt la sienne que celle de Martial. Le pavillon est fermé ainsi que la tour.

Toutes les précautions semblent bien prises pour éviter l'évasion de la jolie prisonnière; le seigneur se fait amener son cheval favori, et sans vouloir être suivi d'aucun de ses gens, il court promener ses rêveries amoureuses dans la campagne.

(Tonnerre éloigné, l'éclair brille.)

Pendant la scène précédente, deux inconnus de mauvaise mine ont paru derrière la grille, ils examinent tout ce qui se passe.

(Nuit, orage.)

Dès qu'il fait sombre et qu'ils se voyent seuls, ils ouvrent la porte de la grille et entrent dans le parc.

Ils portent de tous côtés et autour d'eux un œil scrutateur, en annonçant quelque sinistre projet. *(L'orage est moins fort.)*

Ils entendent du bruit et se cachent.

Martial paraît sur la tour et Angélique à la fenêtre du pavillon. Martial reconnaît la voix de sa maîtresse, il ne peut hésiter un moment... Il brave tous les dangers, et se laisse glisser du haut en bas du dongeon.

Il est au pied du pavillon, il aperçoit son amie qui lui tend les bras; mais il n'a rien fait encore s'il ne parvient à la mettre en liberté et à l'arracher des mains de son rival.

(*L'orage recommence et redouble.*)

Après avoir essayé plusieurs moyens de parvenir à son but, il en trouve un qui lui sourit : les valets lui ont laissé son sabre; il le tire, l'enfonce entre les pierres un peu déjointes par le tems, s'accroche au mur du pavillon, met un pied sur le sabre, place l'autre sur une petite saillie, retire son arme qui par ce moyen lui sert d'échelon, l'enfonce un peu plus haut et parvient ainsi à la fenêtre et dans les bras de sa bonne amie.

Dans cet instant les deux inconnus se montrent, sans être aperçus de nos amans.

L'entreprenant Martial voudrait bien redescendre de suite, mais il sent qu'une femme ne peut suivre ce chemin ; d'ailleurs il a cru entendre du bruit, il s'enfonce avec elle dans le pavillon pour chercher une issue plus commode, et tous deux s'abandonnent à la fortune et à l'amour.

Les inconnus allarmés du bruit qui s'est fait dans le pavillon, viennent écouter à la porte, ils sont bientôt forcés de se cacher une seconde fois, car ils ont entendu bien distinctement dans le lointain, le pas d'un cheval. *(L'orage a cessé.)*

St.-Amar s'avance, monté sur son cheval; il revient auprès de la belle indifférente, pour tenter de nouveaux moyens de lui plaire, mais avant, il veut s'assurer que tout est en ordre.

Il met pied à terre : il s'approche de la tour ; il n'aperçoit rien qui indique l'évasion de son rival. Il a fait faire ainsi qu'il est dit plus haut, le portrait de son inhumaine entouré de diamans, il le porte à son cou suspendu à la chaîne de pierreries qu'il avait destinée à Angélique. Il examine le portrait avec un sentiment de peine et d'amour.

Il vient près du pavillon, il prend une clef, la met dans la serrure, la porte s'ouvre.

Les deux inconnus ont suivi des yeux tous ces mouvemens, les diamans les ont tenté, ils s'approchent, se saisissent de la chaîne et du portrait, et désarment le Colonel; surpris de ce mouvement inattendu, St.-Amar s'est jetté contre le mur du pavillon, l'un des assaillans lui barre le chemin de la porte, le Colonel ne peut se défendre, puisqu'il est désarmé ; mais en levant le bras il touche le sabre laissé dans le mur par Martial. O secours imprévu ! il l'arrache, se met en garde... Combat au sabre : après une vigourense défense, le malheureux Colonel est blessé, et tombe derrière le petit mur.

Le cheval, pendant le combat, s'agite, rue et fait mille efforts pour se détacher et défendre son maître : les deux misérables, après avoir fait ce mauvais coup, se sauvent par la grille. Le cheval brise le lien qui l'attache, et monte sur les marches du bassin en regardant son maître et frappant fortement du pied. Cependant Martial et Angélique ont parcouru envain l'intérieur du vaste pavillon pour chercher une issue ; attirés par le bruit du combat, ils reviennent à la porte : quelle est leur surprise en la trouvant ouverte ? ils entendent plusieurs gémissemens, Angélique est tremblante : Martial la rassure, s'avance et aperçoit le cheval monté sur les marches du bassin : il court vers lui ; l'intelligent animal baisse et allonge la tête comme pour lui montrer son pauvre maître ; et frappe de nouveau du pied en indiquant qu'il est là.

Martial profondément étonné, s'aperçoit enfin que le Colonel est mourant auprès de lui : il ôte son habit, franchit le petit mur, descend dans le ruisseau, et n'écoutant que la voix de l'humanité retire son rival de l'onde.

St.-Amar est placé sur un banc de gazon près du mur ; le généreux coursier lui lèche les mains et semble partager ses douleurs. Angélique et Martial prodiguent leurs soins au colonel ; celui-ci ouvre les yeux, les reconnaît, joint leurs mains en témoignant du repentir, les bénit et retombe sans aucun sentiment.

Sur ces entrefaites, le Bailli et des valets

paraissent avec des flambeaux ; ils précèdent le Général qui vient faire visite au colonel ; quelle est sa stupéfaction en le voyant expirant ! Qui a pu se rendre coupable de ce crime ? Le Bailli désigne Martial qui voulait se sauver, et que le vieux Roch vient d'arrêter ; le désordre du jeune homme, l'inquiétude de la paysanne, tout semble l'accuser. Un valet de chambre raconte au Général que ce recru était enfermé dans la tour pour avoir manqué au colonel ; que sans doute il s'est évadé, qu'il aura forcé le pavillon pour délivrer sa maîtresse, qu'il se sera trouvé en face du colonel, l'aura combattu, ou peut-être assassiné.

Tout porte à croire la vérité de cette déclaration ; le Général semble en douter encore ; mais le Bailli ramasse à terre le sabre de Martial dont s'était servi le colonel en se défendant ; ce sabre est d'uniforme, il manque au fourreau conservé par le malheureux paysan, il s'y ajuste à merveille... plus de doute... Martial a beau protester de son innocence, il est arrêté, chargé de fers, emmené en prison par les soldats. Angélique est arrachée de ses bras et chassée honteusement, tandis que les valets consternés, emportent dans le pavillon leur infortuné maître.

Fin de la seconde partie.

IIIe. PARTIE.

Le théâtre représente un bois, à gauche la maison du vieux Hugot ; à droite une grange.

Le tems est doux, la soirée magnifique, le vieux Hugot assis à sa porte reçoit avec reconnaissance les derniers rayons du soleil couchant ; Merrault et Gertrude travaillant auprès de lui ; le vieillard leur lit un passage de la Bible pour les consoler l'un et l'autre de la perte qu'ils ont faite.

Gertrude écoute cette lecture avec distraction, elle se lève croyant entendre du bruit, et espérant que sa fille va lui être rendue ; trompée dans son espérance, elle revient tristement s'asseoir.

Merrault donne un soupir au souvenir de son pauvre fils : Hugot les encourage à prendre patience en leur montrant le ciel comme l'unique espoir des malheureux souffrans sur la terre.

Les deux inconnus paraissent dans le fond, ils forment le projet d'obtenir un azile pour la nuit, dans la maison du vieux fermier.

En conséquence, l'un deux se passe à une jambe une peau préparée à cet effet comme une grosse botte, il feint de ne pouvoir marcher, son camarade le soutient et demande pour lui l'hospitalité.

Les bons campagnards se lèvent, s'empressent de recevoir ces prétendus malheureux ; on leur donne à boire et à manger et on les conduit dans la grange.

On entend un grand bruit, Angélique accourt hors d'haleine et tombe sans force ni sentiment dans les bras de sa grand'mère.

On lui prodigue les soins les plus empressés, elle r'ouvre les yeux, elle se jette aux genoux de sa mère et lui demande son pardon, celle ci la bénit, la relève et l'embrasse.

Les inconnus, couchés sur la paille à l'entrée de la grange, se lèvent, examinent cette scène, reconnaissent Angélique avec surprise en la comparant au portrait qu'ils ont enlevé au colonel, et se retirent.

Angélique aperçoit Merrault ; elle frémit à la vue du père de son amant... Pressée par lui et par le vieux Hugot, elle raconte la mort du colonel St.-Amar, son ravisseur, et l'emprisonnement de Martial soupçonné d'avoir commis ce crime par jalousie et par vengeance.

Consternation générale ! Tous veulent aller dans la prison, consoler Martial, le défendre, le sauver s'il est possible.

(La nuit vient par dégrés.)

On entend les pas d'un cheval. Le vieux maréchal des logis, Roch, paraît monté sur le coursier de son malheureux maître, il a couru sur les terres d'Angélique, il vient lui annoncer que son amant va passer au conseil de guerre.

Il n'y a plus à hésiter, il faut partir, le défendre, prouver son innocence ou périr avec lui. Tel est le vœu de l'aimante Angélique.

Merrault n'entend pas différer un moment

le départ quoique la nuit soit venue ; il se met en route à pied avec la vieille Gertrude et sa pauvre fille : le vieux Hugot déclare qu'il se rendra aussi à la ville au point du jour, il engage le maréchal-des-logis à rester avec lui, Roch y consent.

Il conduit son cheval dans la grange, les inconnus qni ont suivi des yeux toute cette scène se sont jettés sur la paille, à l'approche du vieux militaire ; le cheval en passant près d'eux, se cabre et s'agite, Roch l'appaise va l'attacher hors de la vue, dans le fond de l'étable. Il revient, passe auprès des deux prétendus dormeurs qu'il considère un moment ; leur mauvaise mine lui donne une espèce d'inquiétude, Hugot le rassnre en lui disant que se sont deux malheureux aux quels il a donné azile pour la nuit, suivant l'usage hospitalier de la campagne. Les deux vieillards rentrent dans la maison.

(La nuit est entière.)

A peine ont-ils disparus, les deux inconnus se lèvent ; l'examen de Roch et son uniforme les ont fait trembler dans la crainte d'être reconnus. Ils veulent se mettre en sûreté en s'éloignant ; ils vont écouter à la porte de la maison, n'entendent aucun bruit. L'un d'eux entre dans l'étable, détache le cheval et l'amène dans l'intention de s'en servir pour fuir et s'éloigner plus promptement d'un lieu aussi dangéreux. Le cheval semble résister et veut mordre son conducteur. L'autre grimpe sur lui, le second saute en crouppe ; mais bientôt le cheval hennit, frappe du pied la terre, s'agite, se cabre et rue d'une telle force que les cavaliers sont désarçonnés, le premier se cache sur le toit de la grange, le second, froissé de sa chûte, reste par terre ; le généreux cheval, soit instinct, soit permission du ciel, semble reconnaître celui qui a frappé son maître, il tourne au tour de lui et ne veut pas le quitter : dans ce conflit un pan de l'habit de l'inconnu se trouve arraché.

Au bruit occasionné par cette étrange rixe, Hugot a paru avec Roch et les valets de la ferme portant des flambeaux.

On saisit, on relève l'inconnu ; Roch prend le pan d'habit arraché par le cheval ; quelque chose de dur a froissé sa main, il fouille dans la poche, il en tire un portrait... O surprise ! c'est celui d'Angélique, c'est la chaîne de diamans de son colonel... Une lumière innattendue vient de frapper ses yeux... l'inconnu est le coupable et Martial est innocent.

Pendant ce tems, le cheval a reconnu le second coquin caché sur le toît de la grange, il y grimpe et veut le mordre ; les paysans, témoins de ce mouvement arrêtent ce nouveau personnage justement suspect.

Le vieux Hugot, plein de joie à cette heureuse découverte, remercie le ciel à genoux; sans perdre un instant le maréchal-des-logis fait saisir les deux inconnus par les valets ; il les dirige vers la ville ; il monte à cheval, et prend en crouppe le brave Hugot qui ne veut pas l'abandonner dans une affaire aussi importante. Le cheval tout-à-l'heure si indocile, reçoit ce double fardeau paisiblement et les porte doucement vers l'endroit où l'innocence souffre dans les fers.

Le théâtre change et représente une esplanade. A droite un camp ; dans le fond des montagnes. Sur un des plans les plus rapprochés , à droite , la tente du général ; en face un bâtiment avec cette inscription , Prison Militaire.

Les troupes défilent et forment une double haie de la prison à la tente du général.

Le Général avec son état major paraît précédé d'un bannière offrant ces mots: *Conseil de Guerre*. Il se rend dans la tente suivi des officiers.

Vient ensuite Martial enchaîné , en habit de soldat , et entouré d'un détachement de grenadiers. Il est pâle , abattu , il se plaint de son malheureux sort, donne un regret à son père , un soupir à son amante et va se rendre au lieu où il doit être jugé.

Il est arrêté par Merrault ; le bon père a précédé les deux femmes , il accourt hors d'haleine et se jette dans les bras de son fils. On les sépare ; Martial console son père , prend la fermeté d'un vieux militaire et marche vers ses juges.

Merrault est resté consterné ; il veut courir sur les traces de Martial et entrer dans le Conseil de Guerre : un bas-officier le retient et lui déclare que la chose est impossible.

Le malheureux père écoute en frémissant, et semble entendre de loin les débats dont le résultat sera la mort de son fils.

Martial accablé , sort de la tente, en veste,

et sans être enchaîné : les troupes ont fait un mouvement et se sont mises en bataille diagonalement, sur le front de bandière du camp.

Martial court dans les bras de son père qui l'interroge en frémissant ; il n'a pas la force de répondre.

On place le drapeau par terre, le condamné fait un pas et plie le genou gauche sur le drapeau. Le capitaine rapporteur se présente et lui fait connaître sa sentence ; elle porte en substance que *Martial est condamné à être fusillé.*

A cette affreuse déclaration, le père tombe évanoui : son fils veut aller le secourir, on l'arrête, on lui place un bandeau sur les yeux, on l'entraîne sur l'esplanade à gauche, où il disparaît.

Angelique et Gertrude accourent hors d'elles-mêmes ; elles aperçoivent Merrault et se précipitent vers lui.

Il reprend ses sens, il repousse Angélique avec horreur ; celle-ci, pâle et tremblante, l'interroge sur le sort de son fils.

Le malheureux père, pour toute réponse, lui montre la sentence : Angélique regarde vers l'esplanade, aperçoit, reconnaît Martial : elle s'élance vers lui, les soldats la retiennent en croisant leurs fusils. Le Général paraît avec son état major ; Angélique échevelée, palpitante, tombe à ses pieds en criant *grâce*. Merrault et Gertrude l'imitent et baignent de leurs larmes les mains du Général.

Celui-ci est attendri, mais il ne peut rien changer à la sentence du conseil de guerre qu'il montre du doigt en témoignant un vif regret. En même tems il donne le signal ; le peloton d'exécution s'est formé en avant de la ligne, faisant face à Martial qu'on n'aperçoit pas, et qui se trouve plus loin à gauche.

Le peloton met *en joue*, Angélique, Gertrude et Merrault se jettent en avant des armes en jettant un cri aigu.

Le Général donne l'ordre de les arrêter ; ils sont contenus, atterés, n'attendant plus que le bruit des armes qui vont porter la mort à ce qu'ils ont de plus cher dans le monde.

Tout-à-coup, on entend un tumulte lointain ; le mot *grâce* perce les airs, il est répété par tout le peuple accourant de la droite et environnant le cheval merveilleux, ce témoin irrécusable qui va sauver la vie de l'innocent.

Les deux coupables, liés de cordes et escortés par les valets armés d'instrumens de labourage, suivent Hugot et le vieux Roch.

Hugot et le maréchal-des-logis, mettent pied à terre, approchent du Général, lui remettent le portrait et la chaîne de diamans du colonel trouvés sur les inconnus ; enfin lui racontent l'évènement et la sagacité extraordinaire du noble coursier.

(*Etonnement général.*)

Le Général fait suspendre l'exécution ; Angélique et Merrault courent à gauche vers le lieu du supplice, et ramènent bientôt Martial dont ils arrachent le bandeau, il tombe dans leurs bras, plus oppressé par la joie, qu'il ne l'était par la crainte du trépas.

Les deux inconnus, confondus, anéantis, déclarent qu'ils sont véritablement les seuls coupables : on les traîne en prison pour y attendre la juste punition de leur crime.

On environne le généreux cheval, on le comble de caresses, on le couronne de fleurs. Le maréchal des camps remet à Angélique son portrait et les diamans comme une réparation de la légèreté du malheureux St.-Amar, rigoureusement, mais justement puni par le ciel, pour avoir voulu outrager l'innocence. Il donne une bourse à Martial qui la refuse, et ne l'accepte ensuite que par respect pour son général : Angélique et son amant sont unis.

Il se forme un grouppe dont l'intelligent cheval est le centre, et les troupes, au bruit du tambour, témoignent leur joie, par des cris de *vive le roi, vive notre Général !*

FIN.

www.ingramcontent.com/pod-product-compliance
Ingram Content Group UK Ltd.
Pitfield, Milton Keynes, MK11 3LW, UK
UKHW022152260726
13993UKWH00005B/2311